Das paretokratische Manifest

Joachim Görbert

Besuchen Sie Solreign.com und betreten Sie eine
Welt poetischen, intelligenten Strebens nach
ultimativer Freiheit.

Gratis-eBook zum Downloaden: Die Ten Secrets

*Die 10 wichtigsten Gewohnheiten von Reisenden,
denen nie etwas zustößt.*

Dieses Manifest widme ich all jenen, die mit ihrem Leben die großen Lügen und Irrtümer der Menschheit bekämpften, wahrhaftig und ohne Furcht.

INHALTSANGABE

Rechtschaffene der Republik!

Ich möchte euch die Grundzüge der Paretokratie unterrichten, damit ihr wisst, mit was das alte System zu ersetzen ist- und damit euer Herz gestärkt wird in größtem Enthusiasmus, für diese besondere und phantastische Idee mit mir gemeinsam einzustehen.

Ihr sollt erkennen, was unser Plan ist. Und ihr sollt alle Suchenden auf ihn verweisen können und voller Stolz sagen können: „Das ist unser Plan. Und dieser Plan, er ist ein Plan für alle Rechtschaffenen".

Menschheit einer freien Welt: Euch ist beschieden, dieser Tage bedeutende Erkenntnis zu schauen! In Zeiten der Verwirrung, Täuschung, Bedrohung und Aushöhlung blickt gen dem durchdachten Konzept jener großen Vision.

Mögen wir den Kräfte, die uns teilen und beherrschen wollen mit der Festigkeit unseres vereinten Willens standhalten, sie niederringen und auflösen- Kraft größten Mutes, besseren Wissens und stetigem Herzen.

Der Rat der Erfinder, der uns diese Vision brachte, wir nannten ihn das erste Ophyndhariat (Erfinderrat). Die Unsren, wir nannten sie das Phyndhariat. Und was wir schmiedeten uns zu führen, zu organisieren und zu inspirieren, jenes war die Paretokratie.

Völker der freien Welt: Erlernet die Grundideen der Paretokratie.

I. Die 7 Grundideen der Paretokratie

1. Paretokratie bedeutet die Herrschaft der Balance und konstantes Streben nach höheren Formen dieser Balance.

2. Der Paretokrat weiß, dass Balance nur durch Gerechtigkeit geschaffen werden kann, da alles andere früher oder später kippt.

3. Permanente Selbsterneuerung bewirkt die Ausgeglichenheit, Fortschrittlichkeit und Tugendhaftigkeit des paretokratischen Staates.

4. Die Paretokratie gibt denjenigen Menschen Macht, die sich durch Jugendlichkeit ihres Denkens bei gleichzeitiger geistige Reife und höchstes Moralbewusstsein auszeichnen.

5. Die Paretokratie lädt jedes dauerhafte und rechtschaffene Mitglied der paretokratischen Gesellschaft zur fortwährenden, aktiven und wirkungsvollen Mitgestaltung des Staates ein, gemäß Eignung, Interesse und Zustimmung der Gesellschaft.

6. Der Führungsstil paretokratischer Führer orientiert sich an den vier Grundleitsätzen des Phyndhariats: Bescheidenheit, Disziplin, Mut und Leidenschaft.

7. Paretokratien sind säkular, liberal, egalitär, basisdemokratisch und pazifistisch.

II. Grundsätze paretokratischer Führerlese

1. Die erste paretokratische Regierung wird gebildet von denjenigen, welche die Paretokratie durch Revolution oder demokratischen Umbau herbeiführen.

2. Nachfolgende Regierungen werden gebildet durch a) Filtration und b) Auslese.

3. Phyndharische Auslese bezeichnet die Eignungsfeststellung durch spezielle Wettkämpfe, phyndharische Filtration bezeichnet die Vorab-Eingrenzung der Wettkampfteilnehmer nach Grundsätzen der Gesinnung und Lebensabsicht.

4. Die Anzahl der Wettkämpfer ist durch Nominierungen aus der Bevölkerung und Lebenslauf sowie Bewerbungsvideo des Kämpfers annähernd so einzuschränken, dass für 60.000 Kernbürger ein Kämpfer aufgestellt wird.

5. Die Wettkämpfe dienen der Beurteilung des Kämpfers in fünf gleichgewichteten Kategorien: Vitalität, Intelligenz, Kreativität, Wachsamkeit und Charisma.

6. Die Wettkämpfe finden einmal pro Generation statt, d.h. alle 8 Jahre; Es darf nur zweimal im Leben am Wettkampf teilgenommen werden.

7. Wettkampfteilnehmer bilden den Großrätepool, Wettkampf-gewinner bilden den Führerpool der jeweiligen Generation.

Bei Stellung der Wettkampfbedingungen dürfen keine Geschlechternachteile entstehen, das heißt Frauen und Männer sollen getrennt geprüft werden.

Die Wettkampfergebnisse sind öffentlich.

III. Grundsätze paretokratischer Regierungsweise

1. Die paretokratische **Kernregierung setzt sich zusammen aus vier Organen**, die abhängig vom Zustand der Nation Aufgaben aus fünf Hauptgebieten wahrnehmen.

2. Die **Namen der vier Organe** sind der Rat der Zwei, der Rat der Zwölf, der Rat der Sechzig und der Volksrat, die **Namen der drei Zustände** sind der Normalzustand, der Spannungszustand und der Weiße Zustand, die **Namen der fünf Aufgabengebiete** sind Beraten, Entscheiden, Kontrollieren, Berichterstatten und Umsetzen.

3. Im Normalzustand entscheidet der 1. Rat, im Spannungszustand der 1. und 2. Rat gemeinsam, im Weißen Zustand entscheidet der 2. und 3. Rat gemeinsam.

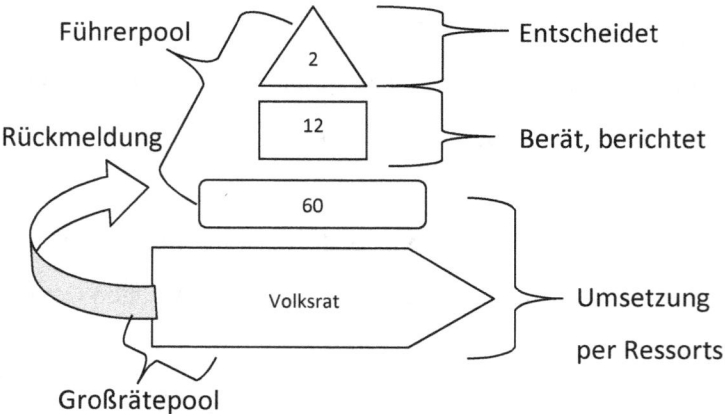

Normalzustand

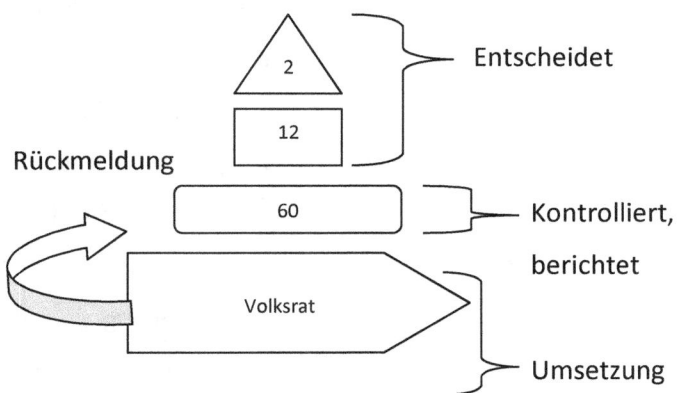

Spannungszustand

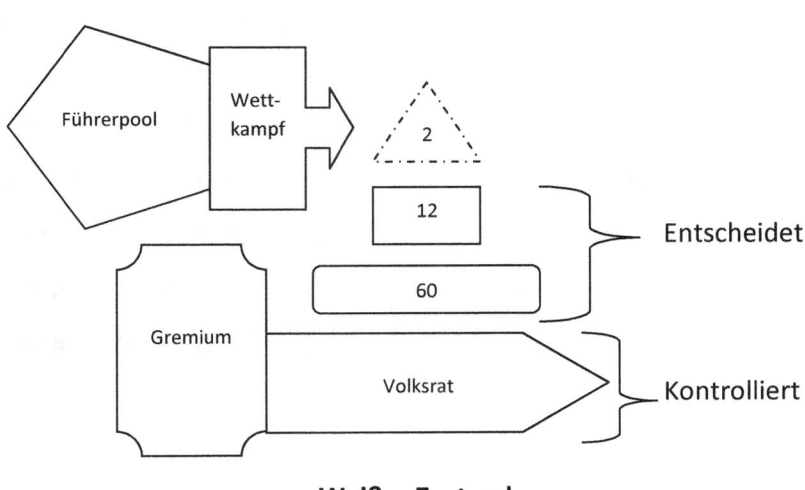

Weißer Zustand

4. Im Normalzustand ist der 2. Rat Beirat, Kontrolleur und Berichterstatter, der 3. und 4. Rat setzt Entscheidungen um; Im Spannungszustand ist der 3. Rat Beirat, Kontrolleur und Berichterstatter; im Weißen Zustand ist ein Kontroll- und

Berichterstattungsgremium aus Vertretern des Volksrats und des rechtschaffenen Teiles* der Massenmedien zu bilden.

5. Der Normalzustand ist der Ausgangszustand, der Spannungszustand wird durch Kriegseintritt oder schwere Krisen der inneren Sicherheit, Volksentscheid oder Misstrauensvotum des 3. Rates festgestellt, der Weiße Zustand wird durch Tod oder Unfähigkeit des 1. Rates festgestellt; Der Weiße Zustand löst sich mit Herstellung der paretokratischen Rätebalance, der Spannungszustand löst sich ohne Veto des 4. Rates ein Jahr nach Ausrufung.

6. Die Mitglieder der drei Kernräte werden aus dem Führerpool durch Wettkampf und Wahl ermittelt, die Mitglieder des Volksrats aus dem Großrätepool.

7. Jedes Regierungsmitglied trägt lebenslange Verantwortung für das eigene Handeln und alles Handeln muss immer und zu jeder Zeit transparent sein; Bestrafungen für Fehler und kriminelle Handlungen (insbesondere Korruption) bis hin zum Tode sind durch Nominierung aus dem 3. Rat und Volksentscheid jederzeit möglich.

* = Siehe auch Anhang: Definition und Feststellung von Rechtschaffenheit in der Paretokratie

Zu diesen Ideensätzen sind folgende Erläuterungen hinzuzufügen: Die Anzahl der Personen der drei Kernräte ist durch ihren Namen vorgegeben. Die Größe des Volksrats und des weißen Gremiums hängt ab von der Bevölkerungszahl, so dass für 200.000 Kernbürger ein

Ratsmitglied gestellt wird, und ein Gremiumsmitglied im Verhältnis 4:1. Der Volksrat wird in Großräte unterteilt, die für spezielle Gebiete arbeiten, bspw. Ressorts wie Wirtschaft, Bildung oder Umwelt. Der Rat der Zwei ist von einer Frau und einem Mann zu besetzen. In den anderen Räten ist die Geschlechterverteilung frei, idealerweise aber soweit es die Kompetenzen zulassen ausbalanciert.

IV. Die paretokratische Wirtschaft

1. Die paretokratische Wirtschaft sichert Wohlstand, Fortschritt, Beschäftigung und Unterhaltung des Volkes auf effiziente, nachhaltige und menschliche Art und Weise.

2. Die Wirtschaft gliedert sich auf in drei Sektoren, die bezüglich Besteuerung, Lenkungsbefugnis durch den Staat und Wirtschaftsrecht unterschiedlich behandelt werden; Die Sektoren sind Staatsunternehmen, Mittelstand und Konzernunternehmen.

3. Unternehmen können ihre Steuerlast durch Beiträge zur Kultur, zum Sozialwohl, zum Fortschritt und zum Umweltschutz verringern. Die Beiträge müssen nicht exklusiv finanzieller Natur sein.

4. Paretokratische Unternehmen sind auf besondere Weise ihrer Ehre verpflichtet, Wirtschaftslenker müssen persönlich auf einen Ehrenkodex schwören; Unternehmenslenker, insbesondere Akteure der Finanzwirtschaft haften für Fehler bis zu zehn Jahre lang und für Verbrechen (insbesondere Betrug, Verschleierung und Korruption) bis an ihr Lebensende.

5. Die paretokratische Wirtschaft untersteht dem Recht des paretokratischen Staates, in Zeiten der Not Rat, Leistungen und Mittel von ihr zum Selbstkostenpreis einzufordern; Führungskräfte großer Konzerne haben die Pflicht, Personalentwicklung, Personaleinstellung und Vergütung mit Blick auf das Nationalwohl zu betreiben. An Stelle von Gewerkschaften gibt es freie Interessenverbände, welche im Auftrag der Mitglieder per Petition auf Missstände aufmerksam machen, auf welche der Staat reagiert. Ein Streikrecht wird Arbeitnehmern aufgrund der wehr- und wohlstands-zersetzenden Wirkung auf die Gesellschaft nicht eingeräumt.

6. Staatsunternehmen sichern die existenzielle sowie die Fortschritts- und Vernunftwirtschaft, der Mittelstand (zu dem auch Freie und Selbstständige zählen) sichert die dezentrale und volksnahe Versorgung mit Gütern und Dienstleistungen und besetzt Spezialnischen, v.a. in Hochtechnologiebereichen; Konzerne sichern die nationale und internationale wirtschaftliche Handlungsfähigkeit des paretokratischen Staates und bespielen den Kapitalmarkt mit Aktien und Anleihen.

7. Erstrebenswerte Betriebe werden subventioniert; Die Subventionen werden aus einem Fond bezahlt, der aus Sanktionen gegen nicht erstrebenswerte Betriebe gefüllt wird; Die Klassifizierung der Erstrebenswertigkeit von Betrieben obliegt dem Rat der Zwölf mit Vetorecht des Rates der Zwei und erfolgt im Hinblick auf die Wirtschaftslage und das Gemeinschaftsziel des großen Gleichgewichts

In der gebotenen Kürze soll hier kurz auf das **phyndharische Verständnis der Kaufmannsehre** eingegangen werden. Die Phyndharenehre ist ein wirtschaftsethischer Kodex, der Regeln enthält, die den geschäftlichen Umgang zwischen phyndharischen Kaufleuten betreffen. Diese Regeln zielen auf die Wahrung der Gesellschaftsinteressen, die ökonomische Effizienz und die Risikominimierung innerhalb Transaktionen im paretokratischen Staat ab und sollen auch dazu beitragen, dass Geschäfte im Einklang mit dem größeren Plan und nach Nachhaltigkeitsgesichtspunkten getätigt werden. Insbesondere behandelt der Kodex auch komplexe Blockade- und Betrugsaktivitäten von Unternehmen, etwa im Hinblick auf Blockadepatente, Preisabsprachen und Ausnutzung von rechtlichen Graubereichen zum Nachteil von Kunden, Umwelt und Verbrauchern.

Zertifizierungsprotokolle für die Ermittlung der Erstrebenswertigkeit eines Betriebes und Subventions-/Sanktionskataloge werden vom Rat der Zwölf mit Vetorecht des Rates der Zwei erstellt und gepflegt, je nach Zustand der Gesellschaft.

V. Bildungs- und Sozialpolitik in der Paretokratie

1. Jeder Bürger der Paretokratie steht **bei akuter Existenznot** im unbürokratischen Schutz der paretokratischen Gemeinschaft; Jeder arbeitsfähige, volljährige und dauerhafte Bürger der Paretokratie ist an den Kosten des Staatsapparats beteiligt, abhängig von Leistung, Alter, Konsum und ständigem Reichtum.

2. **Bildungspolitik:** Jeder dauerhafte Jungbürger der Paretokratie hat die Pflicht, bis zur Vollendung des 18. Lebensjahres die

Realisation seines maximalen Entwicklungspotentiales in Sprach- und Naturwissenschaften anzustreben; Ab dem 16. Lebensjahr ist die Ausbildung in Theorie- und vergüteten Arbeitsunterricht im Verhältnis 4:1 aufzuspalten; Um Raum für körperliche Ertüchtigung, musische Betätigungen und genügend sozialen Umgang mit Gleichaltrigen zu lassen, ist das insgesamt erforderliche Arbeitspensum für die Schulbildung auf 45 Stunden pro Woche zu beschränken, die ersten vier Schuljahre darf es 35 Stunden pro Woche nicht überschreiten. Ein Zwei- oder Mehrklassensystem egal ob in der Bildung oder in der Gesundheit ist in der Paretokratie aus Gründen der Chancengleichheit und gesellschaftlicher Harmonie nicht vorgesehen.

3. Findet ein arbeitsfähiges Mitglied der paretokratischen Gesellschaft länger als zwei Jahre keine Arbeit und nimmt daher längerfristig Sozialleistungen in Anspruch, bekommt es Anrecht auf eine bezahlte Ausbildung in einem handwerklichen Beruf sowie ein Existenzgründertraining; Arbeitskollektive sowie Existenzgründerdarlehen werden abhängig von Bedarf und Erfolgsaussicht staatlich eingerichtet.

4. Erweist sich ein bereits langjährig von Sozialleistungen abhängiges Mitglied der paretokratischen Gesellschaft als **hartnäckig arbeitsunwillig oder schädigt sich selbst** absichtlich oder leichtfertig um körperlich arbeitsunfähig zu sein, erhält es nur noch in der Stadt des Friedens Sozialleistungen; Betrügt ein Mitglied der paretokratischen Gesellschaft die Gesellschaft mittels Schwarzarbeit oder anderen Mitteln, so ist die zu

Unrecht erworbene Leistung mit dem Faktor zehn multipliziert zurückzuzahlen.

5. **Rentenpolitik:** Jeder arbeitsfähige Bürger der Paretokratie muss privat für sein Einkommen im Alter vorsorgen und arbeitet, solange dies finanziell erforderlich oder gesundheitlich verkraftbar ist; Ab dem 70. Lebensjahr zahlt die Paretokratie dem Bürger eine lebenslange Dankesprämie, deren Höhe sich nach Einsatz und Treue des Bürgers gegenüber seinem Staat bemisst; Zum Einsatz für den Staat zählt auch die Anzahl und Qualifizierung der Nachkommen; Reichen Privatvorsorge und Dankesprämie nicht für einem würdigen Lebensabend aus, hat der Bürger Anrecht auf einen Wohnplatz in der Stadt des Friedens.

6. **Einwanderung:** Die Paretokratie ist ein Staat der Rechtschaffenen für alle Rechtschaffenen, unabhängig von Herkunft, Hautfarbe und Weltanschauung. Die Bündelung unserer Schaffenskräfte leistet einen wichtigen Beitrag zum Erhalt unserer wirtschaftlichen wie auch sicherheitspolitischen Wirk- und Wehrfähigkeit; Menschen, die aus dem Ausland in den paretokratischen Staat einwandern, müssen zur Wahrung der nationalen kulturellen Identität, sowie des Wohlstands und des Friedens beitragen; Bis zur Erlangung der Dauerhaftigkeit unterliegen Einwanderer gesonderten Bestimmungen, sowohl was Teilhabe am Sozialprogramm als auch Anwendung von Strafgesetzen anbelangt; Bei schweren Verstößen gegen Recht und Sitte kann Einwanderern die Dauerhaftigkeit wieder aberkannt werden, in extremen Fällen auch über Generationen

hinweg. In Zeiten besonderer Migrationsströme kann zur Wahrung von Wohlstand, Gesellschaftsfrieden und Ordnung des paretokratisch regierten Ziellands die Aufnahme in ein Training umgewandelt werden, um die betreffenden rechtschaffenen Individuen auf solche Weise zu stärken, als dass sie in ihren Heimatländern den Wandel bewirken können, der notwendig ist die globale Ordnung wieder zu stabilisieren.

7. **Ziel aller Sozialpolitik** der Paretokratie ist eine möglichst homogen qualifizierte, vitale, kreative und arbeitsfreudige Gemeinschaft, die ihren Besitz auf ökonomisch kluge, gerechte und kameradschaftliche Art und Weise verteilt, vermehrt und genießt.

Ich erläutere den **Begriff der Stadt des Friedens**. Die Stadt des Friedens ist ein zentral gelegener, besonderer Ort für Menschen, die aus eigenem Wunsch oder geistiger oder körperlicher Unfähigkeit nicht am Erwerbsleben teilhaben können oder möchten und von Sozialleistungen abhängig sind. Die Stadt des Friedens bietet Raum für besondere Freizeit- und Bildungsangebote und ist eng durchsetzt mit Anbauflächen für Gemüse, Obst und Einrichtungen zur Kleinviehzucht. Wohnraum, Versorgung und Beschäftigungsmöglichkeiten musischer und künstlerischer Natur werden von der öffentlichen Hand organisiert und bezahlt.

Die Stadt ist in frei begehbare Viertel aufgeteilt, die sich bezüglich ihrer Bewohnern unterscheiden. Durch diese Handhabe wird der Langzeitmissbrauch von Sozialleistungen erschwert, zudem werden Skaleneffekte in der Versorgung von Sozialfällen realisiert, was die

Kosten für die Gesellschaft massiv reduziert. Neben weiteren Vorteilen sind die Verhinderung unkontrollierbarer Ghettobildung und die Verdichtung von Zonen hoher Erwerbstätigkeit eine Erwähnung wert, welche Brutort für Irregularitäten krimineller und arbeits-motivatorischer Art sind. Diese Ineffizienzen leistet sich eine Paretokratie im Namen des Wohlstands des rechtschaffenen Anteiles ihrer Kernbürger nicht.

VI. Isphyndhyrität und Atphyndhyrität

1. Jeder dauerhafte Bürger der Paretokratie ist immer zugleich auch **Baumeister der Paretokratie** und darf ihre Entwicklung innerhalb der Gemeinschaft mitbestimmen.

2. Die **Stärke des Mitbestimmungsrechts** errechnet sich aus Atphyndhyrität und Isphyndhyrität; Die Atphyndhyrität besteht aus vier harten Faktoren, diese Faktoren sind Alter, Eignung, Einkommenssteuerbeitrag und Nachkommenschaft; Die Isphyndhyrität errechnet sich aus weichen Faktoren, die im Allgemeinen das Verhalten eines Individuums gegenüber der paretokratischen Gesellschaft betreffen.

3. Je mehr ein dauerhafter Kernbürger für oder gegen die Ziele der paretokratischen Gesellschaft arbeitet, desto mehr oder weniger Isphyndhyrität hält er; Die vier **Ziele der paretokratischen Gesellschaft** sind: Nachhaltiger Wohlstand, gewaltlose Gemeinschaft, zivilisatorischer Fortschritt und robuste Volksvitalität.

4. Eine hohe oder niedrige Isphyndhyrität erleichtert oder verkompliziert einem Kernbürger die Durchsetzung seiner unternehmerischen, karrieristischen, sozialer und geschäftlichen Interessen innerhalb der paretokratischen Gesellschaft. Außerdem gibt es staatlich organisierte, besondere Unterhaltungs- und Fortbildungsangebote für Bürger mit extrem hoher Phyndhyrität, die ausschließlich per höchstem Einsatz für die Gesellschaft zugänglich sind.

5. Vier Verhaltensweisen steigern die Isphyndhyrität, vier senken sie; Die Vier Steigernden Verhaltensweisen sind Rechtstreue, Fleiß, Mut und Kameradschaftlichkeit; Die Vier Senkenden Verhaltensweisen sind Gewalttätigkeit, Verlogenheit, Dekadenz und Feigheit.

6. Atphyndhyritätspunkte werden einmal im Jahr behördlich ermittelt, Isphyndhyritätspunkte können im Dreizeugen-verfahren quartalsweise beantragt werden.

7. Kernbürger können Isphyndhyritätspunkte untereinander verbürgen und damit Champions auferstehen lassen; Die verbürgte Isphyndhyrität ist eine lebenslange Investition des Vertrauens eines Bürgers in seinen Champion, und wächst oder verfällt mit dessen Werdegang.

Diese Ideensätze sind sehr wichtig, da sie ein völlig neues Konzept der Gestaltung einer Gesellschaft beinhalten. Der aus Atphyndhyrität und Isphyndhyrität addierte Wert drückt **in einer einzigen Zahl den Einsatz eines Bürgers für sein Volk** aus und gibt Hinweise auf seine Haltung gegenüber der Gemeinschaft als solche. Das Konzept der atisphyndhyrischen Demokratie verringert über ein Stimmgewichtsverfahren die Wahrscheinlichkeit, dass gesellschaftsfeindliche Individuen per Einfluss auf das Ergebnis von Volksentscheiden, die in Paretokratien häufig vorkommen, das Schicksal der Gemeinschaft negativ beeinflussen können. Bezüglich der Isphyndhyrität ist zu erwähnen, dass Minuspunkte selten vergeben werden, die Differenzierung zwischen Individuen würde typischerweise durch die stetige Akkumulation erworbener Pluspunkte erfolgt. Minuspunkte werden am ehesten durch Konflikte mit dem Gesetz vergeben. Doch auch bei Skandalen, per Denunzianz mit lückenloser Beweisführung und per Volksentscheid kann Isphyndhirität entzogen werden.

Im Dreizeugenverfahren bürgen zwei dauerhafte Kernbürger gemeinsam mit dem Antragsteller für die Rechtmäßigkeit der beantragten Isphyndhyritätspunkte. Punktekataloge werden vom Rat der Zwölf mit Vetorecht des Rates der Zwei erstellt und gepflegt, je nach Zustand der Gesellschaft.

VII. Die paretokratische Räteordnung

1. Der **Rat der Zwei** wird dual besetzt von einem, der per Wettkampf und Wahl als Wolf der Menschen und einer, die als Hirtin der Rechtschaffenen ermittelt wurde; Ihre Ratstätigkeit führen sie bis zum Tode oder bis zur öffentlich festgestellten Unfähigkeit eines der Ratsmitglieder.

2. Der **Rat der Zwölf** wird alle vier Jahre halbneu bis neu besetzt von Expertenpaaren aus sechs Bereichen, die aus dem Rat der

sechzig hochgetauscht werden; Die Bereiche sind Wirtschaft, Forschung, Sicherheit, Sozialwohl, Diplomatie und Justiz.

3. Der **Rat der Sechzig** wird alle vier Jahre halbneu bis dreiviertelneu besetzt von per Zeugnis als die Besten des Volksrats ermittelten Ratsmitgliedern und ehrenhaft abgetauschten Mitgliedern des Rates der Zwölf; Die sechzig Ratsmitglieder werden operativ in zwölf Fünfergruppen aufgeteilt; Jeweils zwei Fünfergruppen unterstehen einem Expertenpaar des Zwölferrats.

4. Der **Volksrat** wird alle vier Jahre drittelneu bis neu aus dem Führerpool einer Generation und ehrenhaft abgetauschten Mitgliedern des Rates der Sechzig besetzt; Der Volksrat wird operativ für den Rat der Sechzig bedarfsgerecht in Ressorts eingeteilt; Die Ressorts liefern die Umsetzung der politischen Entscheidungen und geben Rückmeldung über Entscheidungs-folgen und Befindlichkeiten aus dem Volk.

5. Der Wolf und die Hirtin werden bei **Eintritt in den weißen Zustand** aus den zehn Prozent Besten des gesamten Führerpools ermittelt durch Phyndhyrität, Volkszustimmung und Duelle; Der Rat der Zwei wird immer komplett neu besetzt, selbst wenn nur einer der beiden per Tod oder Unfähigkeit ausfällt; Das Alter der Ratsmitglieder darf nicht mehr als zehn Jahre auseinanderliegen und bei Einsetzung kumuliert hundert Jahre nicht überschreiten.

6. Größere **Macht** als der 1. Rat im Normalzustand entfaltet nur der rechtschaffene Anteil des Volkes per Volksentscheid; Die reelle, gesellschaftsformende Macht der anderen Räte nimmt

ab mit der Anzahl der im Rat vertretenen Mitglieder und verwandelt sich in umsetzende Macht, die aber in mehr Händen verteilt ist; Über die Abtauschung von Ratsmitgliedern bestimmen im 2. und 3. Rat unter Ausführung einer Ergebnisrevision der jeweils höhere Rat und das Volk zu gleichen Teilen, im Volksrat wird die Abtauschung im Hinblick auf die Phyndhyrität und das Abschneiden des Ratsmitglieds im phyndharischen Wettbewerb vorgenommen; Das Volk kann gegen Abtauschungen im 3. und 4. Rat ein Veto einlegen, welches per Petition verwirklicht wird. In Pattsituationen sind Wahlen in zweiwöchigem Abstand zu wiederholen, bis ein Gewinner ermittelt werden kann.

7. Der Zwölferrat ist gegenüber dem **Weißen Gremium im weißen Zustand** zur Enthüllung aller Arbeit verpflichtet; Das Weiße Gremium wirkt operativ nicht in der Regierungsarbeit mit, es hat eine Informationsverpflichtung gegenüber dem Volk; Zur Abwendung von inneren Gefahren vom Volk kann das Expertenpaar für Sicherheit einen Verzögerungsbann gegen Enthüllungen von höchstens 48 Stunden erwirken, während Vorbereitungen zur Gefahrenprävention getroffen werden; Zur Abwendung von äußeren Gefahren vom Volk kann das Expertenpaar für Sicherheit einen Verzögerungsbann bis zur Neutralisierung der Gefahrensituation erwirken, höchstens jedoch zwei Jahre oder bis Volksentscheid;

Diese Ideensätze konkretisieren das **Verhältnis der Räte zueinander**. Zudem enthalten sie Gebote bzgl. der Art und Weise, wie die Regierung erneuert wird und Aufgaben verteilt werden. Ich möchte an dieser Stelle den Begriff "Unfähigkeit" erläutern sowie den Ablauf von Duellen, die zur Ausfechtung der Ratsplätze im Rat der Zwei geführt werden.

Die Frage der Unfähigkeit wird typischerweise vom 2. Rat gestellt. Plädieren zwei Drittel des 2. und 3. Rates dafür, den 1. Rat für unfähig zu erklären, kann der 1. Rat per Volksentscheid abgesetzt werden.

Die phyndharischen Duelle sind die höchsten Wettkämpfe zwischen gleichguten Führerpool-Anwärtern auf den 1. Rat. In fünf Disziplinen, zwei Kampf- und drei Geistesdisziplinen, müssen Anwärter in ihrer Geschlechtskategorie gegeneinander so lange antreten, bis ein Endsieger gekürt werden kann.

IIX. Grundgesetz der Paretokratie

1. Alles Gesetz der Paretokratie erstrebt das **Gemeinschaftsziel des großen Gleichgewichts**.

2. Die Voraussetzung für dieses Gleichgewicht ist Gerechtigkeit, sie wird gesichert von dem Grundgesetz der Paretokratie; Das Grundgesetz der Paretokratie basiert auf den **vier Grundprinzipien der Gerechtigkeit**; Diese Prinzipien sind: Rache, denn Rache befriedigt; Wiedergutmachung, denn Wiedergutmachung nützt; Lehre, denn Lehre korrigiert; Und Vergebung, denn Vergebung reinigt.

3. Das paretokratische Gesetz unterscheidet vier strafbare Tatkomponenten; Die **Strafen haben den Taten in Art und Härte so weit wie human möglich zu entsprechen**; Die Strafe ergibt sich aus dem mit einem verbrechensartabhängigen

Faktor multiplizierten Tatschaden; Es dürfen zusätzlich Lehrdienst in Gefangenschaft sowie Abzüge von Isphyndhyritätspunkten nach Richterermessen und Gesetzeslage (Gesetzeskatalog) verhängt werden.

4. Die **Namen der vier Verbrechensarten** sind: Verbrechen der Gier, Verbrechen des Schmerzes, Verbrechen der Lust und Verbrechen des Todes; Taten mit verschiedenen Verbrechensarten in Tateinheit sind grob zu sezieren, damit die Strafe multistraflich kalkuliert werden kann.

5. Die **Namen der Strafarten** für die Verbrechensarten lauten analog: Strafen des Geldes, Strafen des Schmerzes, Strafen der Befriedigung und Strafen der Mörderbannung; Die Mörderbannung verbannt als unmenschlich klassifizierte Straftäter für den Rest ihres Lebens in abgeriegelte und lückenlos überwachte Mörderstädte; Gewaltanwendende Verbrecher sind bei Ingewahrsamnahme und in Gefangenschaft stets von nicht-gewaltanwendenden Verbrechern getrennt zu halten und genießen ihnen gegenüber Privilegien.

6. Die paretokratische Justiz strebt nach der **Ausreißung der Wurzel** eines Verbrechens; Direkte und indirekte Komplizen- oder Anstifterschaft von Individuen oder Personenkörpern aus Wirtschaft (insbesondere Medien), Politik, Religion, Ausland oder Wissenschaft kann nach Nominierung des 3. Rates per Volksentscheid umfassend sanktioniert werden; Sanktionen, die per Geldstrafen auferlegt werden, füllen einen Fond, aus dem Entschädigungen und Präventionsmaßnahmen zu zahlen sind

7. Das paretokratische Gesetz räumt rechtschaffenen Kernbürgern umfangreiche Selbstverteidigungsrechte ein; Bürger mit einer Isphyndhyrität im oberen Volkszehntel haben das Recht, in der Öffentlichkeit zum unmittelbaren Selbstschutz sowie dem Schutz der Gesellschaft Handfeuerwaffen wie auch spezielle Defensivrüstungen zu tragen.

Bei diesen Ideensätzen soll ein Punkt kurz kommentiert werden, dieser Punkt sind die **Strafen der Befriedigung**. Strafen der Befriedigung bestrafen die Verbrechen der Lust, als solche sind bspw. sexueller Missbrauch, Vergewaltigung aber auch Raserei, Mobbing, Konsum illegaler Rauschmittel, Belästigung, Rufmord oder Stalking definiert. Strafen der Befriedigung beinhalten die Wegnahme dessen, was den Straftäter lüstern macht. Dies reicht von der Wegnahme materieller Dinge über Wegnahme eines Jobs oder bestimmten sozialen Status durch per Massenmedien verbreiteten öffentlichen Aufdeckung der rufschädigenden Aktivität des Täters bis hin zur Wegnahme des Geschlechtsorgans, etwa bei Kinderschändern.

IX. Gewaltenteilung und Sicherheitsapparat der Paretokratie

1. Die Gewaltenteilung ist **abhängig vom Zustand der Nation**.
2. Im **Normalzustand** ist der 1. Rat gesetzgebende Kraft (Legislative), der 2. Rat die höchste rechtsprechende Kraft (Judikative) und der 3. Rat führt die ausführende Kraft (Exekutive); Im **Spannungszustand** ist der 1. und 2. Rat

Legislative und Judikative gemeinsam, die Führung der Exekutive nach innen (Gewährleistung der Staatssicherheit) liegt bei der Hirtin der Zwei, alle Macht der Exekutive nach außen (Kriegsführung) wird geführt vom Wolf der Zwei; Im weißen Zustand gibt es keine Legislative, Judikative und Exekutive werden vom 2. und 3. Rat gemeinsam gestellt.

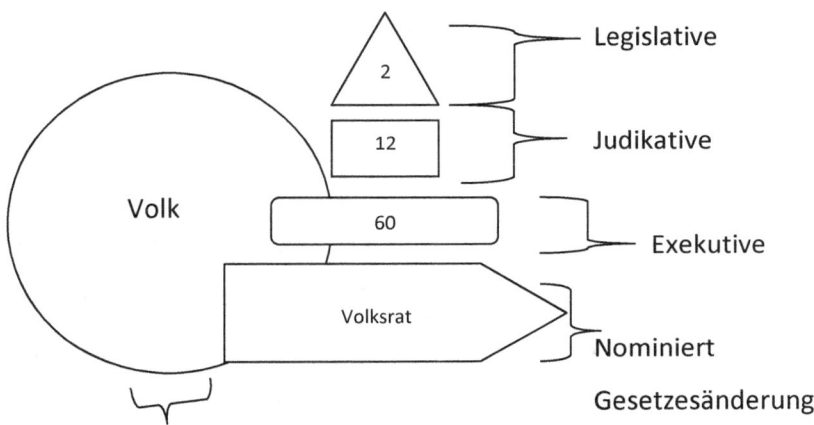

Normalzustand

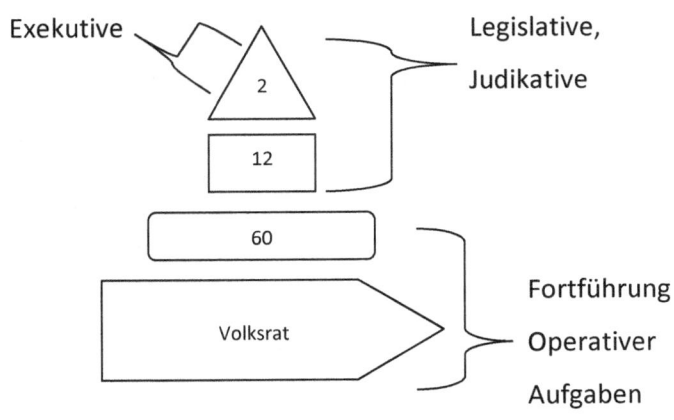

Spannungszustand

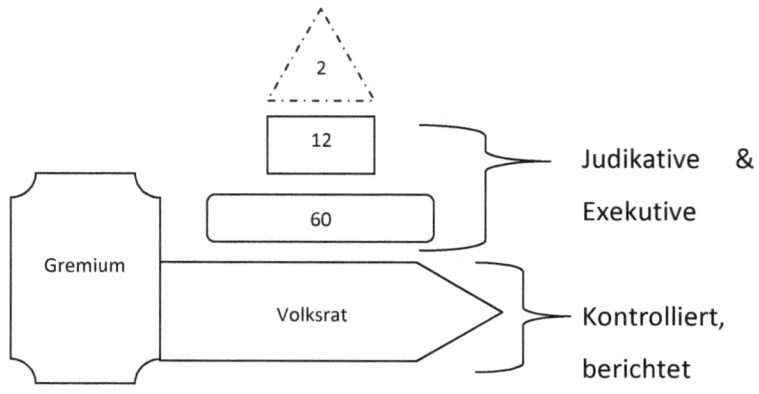

Weißer Zustand

3. Im Normalzustand können Gesetze, die nicht Verfassungs-gesetze sind, nach Nominierung aus dem Volksrat per Volksentscheid gekippt werden; **Dadurch stellt das Volk faktisch ein Veto-Organ;** Während Gesetze von jedem dauerhaften Kernbürger der Paretokratie vorgeschlagen werden können, obliegt deren Ausarbeitung grundsätzlich dem Rat der Zwei; Sämtliche ausgearbeiteten Gesetze werden im Normalzustand im Rat der Zwei mit Beirat des Rates der Zwölf vorgeschlagen und bei Ausbleiben eines Vetos des Rates der Sechzig per Zweidrittelmehrheit des Zwölferrates ratifiziert; Die paretokratische Verfassung darf nur nach Zweidrittel-nominierung des Volksrates und Volksentscheid im 1. Rat geändert werden, Verfassungsänderungen werden dann wie normale Gesetze ratifiziert.

4. Der **Sicherheitsapparat** der Paretokratie sichert mithilfe von Bürgerpolizei, Polizei, Spezialeinsatzkräften, Armee, Sonder-

Armeekommandos und Geheimdienst Ordnung, Freiheit, Frieden und Gerechtigkeit im paretokratischen Staat auf effiziente und ehrenhafte Art und Weise.

5. **Wehrpflicht:** Jeder Jungbürger wird im Alter von 17 Jahren ein halbes Jahr in eignungsspezifischen Programmen grundlegend militärisch trainiert; Der Dienst ist bis auf zwei Jahre verlängerbar; Der hundertste Teil der Jungbürger, die als Jahrgangsbeste Ihre Ausbildung abschließen, haben die Option, als "Bewahrer" in die Gesellschaft zurückzukehren und dienen ihrer Sicherheit fortan auf besondere Weise.

6. **Rechtssprechung:** Richter der Paretokratie müssen mindestens drei eigene Kinder haben und eine Phyndhyrität im oberen Volksviertel halten; Polizisten, Soldaten und Spezialeinheiten müssen eine Phyndhyrität im oberen Volksdrittel halten; Für ihre großen und unbestechlichen Dienste für die Gesellschaft sind sämtliche Angehörige des paretokratischen Sicherheitsapparats von Medien und Öffentlichkeit mit Respekt zu behandeln; Verstößt ein Angehöriger des paretokratischen Sicherheitsapparats gegen die Gesetze der paretokratischen Gesellschaft, behindert eine Verbrechensermittlung oder leistet Verbrechern Beihilfe, ist das Strafmaß zu verdreifachen, in schweren Fällen zu verzehnfachen.

7. **Paretokratisches Kriminalitätszentralregister:** Es ist ein für Jedermann einsehbares Zentralregister über alle gewalttätigen Zwischenfälle mit Personenschäden in der Bevölkerung und insbesondere zwischen Bevölkerung und Staat zu führen; Der paretokratische Staat ist dem Schutz der Privatsphäre seiner

Bürger verpflichtet und darf diese Pflicht nur in extremen und akuten Gefährdungsfällen verletzen; Der paretokratische Staat verteidigt das Recht eines jeden rechtschaffenen Kernbürgers auf Freiheit in Unerkanntheit, weswegen er strenge Zurückhaltung bei Anwendung biomechanischer Ortungs- und biometrischer Identifikationstechnologien übt.

Diese Ideen ergänzen die Ideensätze des paretokratischen Grundgesetzes um wichtige praxisrelevante Aspekte. Ich möchte an dieser Stelle den Begriff des Bewahrers näher erläutern.

Geistig und körperlich exzellent geeignete Jungbürger dienen auf freiwilliger Basis der dezentralen Sicherheit und unterrichten ihr unmittelbares soziales Umfeld in Gesundheit und Gefahrenabwehr. Ein Bewahrer darf jederzeit in der Öffentlichkeit besondere Verteidigungsmittel bei sich tragen und ist ermächtigt, in Bedrohungssituationen mit Sonderrechten einzugreifen und muss nicht auf das Eintreten einer Notsituation warten.

Ein Bewahrer kann dadurch auch schneller Isphyndhyrität akkumulieren, was ihm die Verfolgung eventueller politischer oder wirtschaftlicher Ambitionen erleichtert.

Bewahrer gehören dem paretokratischen Sicherheitsapparat an und werden bei eigener Zuwiderhandlung gegen das Gesetz behandelt wie alle anderen Angehörigen des Sicherheitsapparates, mit multipliziertem Strafmaß.

X. Phyndharischer Wettbewerb und Phyndhoegalität

1. **Individualheterogenität:** Jeder Mensch entwickelt durch Talente, Werdegang, Glück und Familie zufällige Stärken und Schwächen.

2. **Entwicklungspflicht paretokratischer Kernbürger:** Die paretokratische Gesellschaft strebt nach der idealen Gemeinschaft, deshalb haben Bürger der Paretokratie die Pflicht, ihre individuellen Stärken zu entwickeln und ihre Schwächen zu überwinden.

3. **Phyndharischer Wettbewerb:** Der phyndharische Wettbewerb dient der Paretokratie zur Identifikation ihres größten personellen Führungspotentials und beugt dem Inzest der Macht vor; Die in der Verfassung der Paretokratie garantierte Egalität ermöglicht Missbrauch durch antisoziale Individuen oder Bevölkerungsteile, die gegen die Ziele der Paretokratie und gegen das Wohl der Allgemeinheit arbeiten. Aus diesem Grund soll der Gedanke der Egalität zwischen Individuen und Gruppen verbunden sein mit dem Gedanken der Phyndhyrität, das daraus entstehende Konzept ist als Phyndhoegalität am besten zu bezeichnen.

4. **Bändigung destruktiver Gesellschaftskollektive:** Fügt das gemeinschaftliche Verhalten einer Glaubensgruppe, eines sozialen Kollektivs, einer Berufsgruppe oder eines ethnischen Volkskörpers der paretokratischen Gesellschaft nachweisbar massiven wirtschaftlichen, gesundheitlichen oder sozialen Schaden zu oder besteht die unmittelbare Bedrohung eines

solchen Schadens, können nach Nominierung eines jeden paretokratischen Kernbürgers, Ausarbeitung einer Sanktion durch den Rat der Zwei und Volksentscheid Sanktionen gegen den gesamten schädlichen Gesellschaftsteil verhängt werden; Die Sanktionen werden so weit wie human möglich so konzipiert, dass sie den Schaden 1:1 aufheben oder als Präventivmaßnahme Schaden abwenden.

5. **Prüfungskategorien im phyndharischen Wettbewerb:** Im Rahmen des phyndharischen Wettbewerbs prüft die Paretokratie Anwärter auf Führungspositionen in der Politik in **fünf Kategorien: Vitalität, Intelligenz, Kreativität, Wachsamkeit und Charisma;** Jede Kategorie zerfällt in drei Unterdisziplinen, jede Unter- in drei Kerndisziplinen, so dass in insgesamt 45 Disziplinen Wettbewerbsplatzierungen ausgefochten werden müssen;

   a. Vitalität zerfällt in Ausdauer, Kampf und Geschicklichkeit

   b. Intelligenz zerfällt in IQ-Test, Test der emotionalen und sozialen Intelligenz und Test des Allgemeinwissens

   c. Kreativität zerfällt in Zeichnung, Dichtung und Gestaltung

   d. Wachsamkeit zerfällt in Reaktionstest, Nachtwacht-prüfung und Schachturnier

   e. Charisma zerfällt in Rede, Fallstudienpräsentation und Bühnenperformance

6. **Bewertung von Wettbewerbsergebnissen:** In harten Disziplinen bestimmt das ermittelte Ergebnis den Wettbewerbserfolg; In weichen Disziplinen bewertet eine fünfköpfige Jury sowie das Volk zu gleichen Teilen das Ergebnis des Teilnehmers; Die erste

Jury wird zusammengesetzt aus Repräsentanten derjenigen Gruppe, die die Paretokratie durch Revolution oder demokratischen Umbau herbeiführen; Nachfolgende Jurys werden aus dem 1. Rat und den Drei Besten der Zwölf besetzt

7. **Auswahl der Wettbewerbskandidaten:** Wettkampfanwärter werden per Nominierung aus dem Volk ermittelt; Ein Anwärter muss mindestens von dem millionsten Teil des Volkes nominiert werden, um in die Anwärterliste aufgenommen zu werden; Die Wettkampfanwärteranzahl, die das Dreifache des sechzigtausendsten Teil des Volkes nicht überschreiten soll, wird nach Isphyndhyrität filtriert; Die Wettkampfteilnehmeranzahl, die den sechzigtausendsten Teil des Volkes nicht überschreiten soll, wird für die ersten zwei Wettbewerbskategorien zugelassen; Die dreißig Prozent Schlechtesten werden für die nächsten drei Wettkampfkategorien nicht mehr zugelassen, um Kosten und Zeit zu sparen.

———

Die in diesem Manifest geschilderten Ideen für eine bessere Regierungsweise sind radikal anders von allem bisher dagewesenen. Die Überlegungen zu "erstrebenswerten Betrieben" und lebenslange Führung eines persönlichen Punktekontos, welches Rechtschaffenheit und Einsatz für die Gesellschaft dokumentiert, all dies erfordert enormes Vertrauen in die Urteilsfähigkeit der paretokratischen Führung. Es ist innerhalb der großen Taten der paretokratischen Führer und ihr spirituelles Verständnis, dass sie Maß und Zurückhaltung üben und die Staaten langsam und behutsam transformieren werden, um ihre Stabilität möglichst nicht zu gefährden.

Jedoch, eine Transformation ist notwendig- unsere derzeitigen Regierungsformen sind nicht effizient, der Verlust an Wohlstand, Sicherheit und Lebensqualität enorm.

Aus diesem Grund: Lang leben die Paretokratie- und jede einzelne der großen und schönen Ideen, die diese faszinierende Vision so lebendig und überzeugend machen.

Anhang: Definition und Feststellung von Rechtschaffenheit in der Paretokratie

Im Wissen darum, dass das natürliche Verständnis von Anstand und Moral dieser Tage hoffnungslos versetzt ist mit fehlerhaften Glaubenssätzen, ausgehöhlt als Resultat jahrhundertelanger Manipulation, soll an dieser Stelle näher beschrieben werden, nach welcher Definition Rechtschaffenheit in einer Paretokratie verstanden ist.

Rechtschaffenheit im Sinne der Paretokratie ist die Aufrichtigkeit und Loyalität zu der Gesellschaft. Neben der Einhaltung des Gesetzes vor dem eigenen Verhaltenskodex ist der Grundsatz der versorgerischen Eigenverantwortlichkeit und zum gesellschaftlichen Aufstieg ein stetiger Beitrag zur Größe und zum Zusammenhalt der Gesellschaft zu leisten.

Der rechtschaffene Kernbürger der Paretokratie behandelt seine wie auch die Gesundheit seiner Mitbürger mit Vorsicht und verzichtet darauf, zur Befriedigung seines Egos oder seiner materiellen Gier Dinge zu tun, die Verwirrung, Gefahr oder negative Energie schaffen. Der kritische Blick der Bürger auf die Aktivitäten des jeweils anderen soll nie ein Gefühl der orwellschen Kontrolle verursachen, doch ein gesunder Kollektivgeist, der nicht in Gruppenzwang ausartet, ist gut zur Einhaltung der Disziplin. Selbst die Stärksten schwächeln manchmal und müssen hin und wieder angefeuert werden.

Wenngleich wir nicht immer in der Position sind, ein gesellschaftliches Problem tatkräftig anzupacken, hat man jedoch immer die Möglichkeit, "das Richtige" zu sprechen. Der rechtschaffene Kernbürger erkennt, dass in dieser Fähigkeit große Macht steckt. Er zeigt deshalb Flagge und trägt seinen Teil dazu bei, dass sich die Bekämpfer von Missständen zusammenfinden können und sich die kritische Masse bildet, aus der heraus wahre Veränderung kommen kann.

Der Rechtschaffene versteht, dass niemand frei ist, solange nicht alle frei sind. Jeder einzelne von uns ist zugleich auch ein Schutzwall gegen Katastrophen, die drohen unsere Zahl zu dezimieren, egal ob von außen oder von innen, wenn wir nur solidarisch zusammenstehen. Im Wettbewerb um die Ressourcen, die wir sämtlich konsumieren ist es unsere Pflicht als Rechtschaffene, uns zurückzunehmen und nur das zu verbrauchen, was wir in irgendeiner Form auch zurückgeben können. In nobler, würdevoller Haltung arbeiten wir hart und in perfekter Organisationen um mithilfe einer idealen, belastbaren und gemeinschaftlich nutzbaren Infrastruktur Zivilisationsleistungen höchster Güte zu vollbringen.

Eine soldatisch-altruistische Haltung im Wesenskern eines jeden Bürgers zu inspirieren und zu erhalten, das ist die Aufgabe eines jeden einzelnen

Paretokraten. Ob in den höchsten Regierungskreisen oder ob Kassiererin im Supermarkt: Tiefster Respekt und innige Liebe denjenigen gegenüber, die aufrichtig und großzügig die mannigfaltigen Früchte jener erleuchteten Gesellschaft erwirtschaften und verteidigen, sie soll sich zeigen und lohnend sein auf ihre Weise.

In Bereichen, wo unser Verständnis von Rechtschaffenheit sich zwischen den Menschen unterscheidet, sei es durch Mangel an Bildung oder sei es aufgrund der großen moralischen Zwickmühlen (das Stehlen um zu überleben oder das Töten eines Angreifers bspw.) sollen diejenigen, welche die größten Opfer bringen und mit größerer Weisheit und Voraussicht agieren und argumentieren das letzte Wort behalten. Schlimmer als alles andere, welches eine Nation erfassen kann, ist die Konfusion und die Schwäche der Starken. Diejenigen, welche die Wahrheit sehen und welche aufgrund ihrer Leistungen und tiefsten Verständnis des menschlichen Wesen das größere Feingefühl besitzen, dürfen nicht schweigen und sich vor dem Griff an die Hebel und Zepter einer Gesellschaft scheuen. Ihre Agressivität ist in diesen Fällen ihr gutes Recht.

Jene, die fleißig sind und eine Vision haben, lassen sich leicht abschrecken von Bürokratie und der beizeiten so frappierend primitiven Stumpfsinnigkeit der Massen. Die Ausformung der paretokratischen Führerlese hat daher in solcher Form zu sein, dass diejenigen, die für die Führung des Volkes am geeignetsten sind, keinen sinnvollen Grund haben, sich nicht politisch zu beteiligen. Sollten die Klügsten innerhalb der Organisationen Schwächen und Makel auftun, sind diese umgehend zu beheben. All dies geschieht im Wissen darum, dass die wirtschaftlichen Blüten einer Gesellschaft stehen und fallen mit guten

Entscheidungen, die in der Politik getroffen werden. Die Schlampigkeiten weniger können Jahre oder Jahrzehnte später Verarmung und Tod für Tausende zur Folge haben. Es gibt nichts ernsteres, mit dem sich ein Repräsentant eines paretokratisch geführten Volkes beschäftigen kann.

Die Einflussnahme von Menschen, die den destruktiven Trieben verfallen sind, darf auf die Arbeit der politischen Führer der Paretokratie keine Wirkung haben. Alles solche, was schon aufgrund allein der ethischen Intuition als Unrecht erkannt werden kann, muss von den rechtschaffenen Teilen der arbeitenden Bevölkerung als solches markiert werden um dann im vereinigten Willen des Volkes abgelehnt zu werden. Sobald mehr und mehr dieser großen Beurteilungsprozesse abgeschlossen sind, wird es leichter werden, die großen Verknüpfungen von industriellen Lobbys mit der Politik klarer beurteilen zu können und gegebenenfalls, wenn es für den Schutz der Interessen der paretokratischen Gesellschaft wünschenswert ist, unter Beschuss zu nehmen.

Generell sollte Rechtschaffenheit nicht etwas sein, was zwischen den Menschen ausgiebig diskutiert werden muss. Vielmehr sollte es eine zweite Natur der Menschen sein, dass Gute und Richtige zu erkennen, das Schöne und Wahrhaftige zu verteidigen. Es ist der Verwirrung dieser Tage geschuldet, dass wir in Tausende Grautöne denken sollen und als Resultat keine klaren Entscheidungen mehr treffen können sondern nur noch relativieren und alle Optionen offenhalten möchten.

Abschließend ist wichtig, im Hinterkopf zu behalten, dass die erfolgreiche Schöpfung eines Gerechtigkeitsverständnisses im Geiste eines Menschen in frühester Kindheit erfolgt. Die Art der Inhalte, denen wir unsere Kinder aussetzen, ist dieser Tage alles andere als geeignet, um ein zielführendes Verständnis von Rechtschaffenheit zu kultivieren. Insbesondere die Belohnungsmechanismen der Gesellschaft, welche für bestimmte musische und sportliche Betätigungen eine über die Maße gehende Gratifikation versprechen, sind nicht geeignet herzuhalten als Hilfe zur Vermittlung von Werten, von denen wir mehr sehen möchten. Solange wir zudem die großen Ungleichgewichte in der Welt zelebrieren und die Dinge, die schädlich sind für die Menschen nicht klar benennen, werden die Jüngsten immer mehr aus dem Rahmen tanzen- in ihren Entgleisungen einen Vorgeschmack bietend auf ihre Werke als Erwachsene, die uns Warnung und Mahnung sein sollten.

Die Kataloge und Gesetze, welche das paretokratische Verständnis von Rechtschaffenheit in Stein und Granit meißeln werden, sind eine Angelegenheit, deren Details erst im Verlauf der Konstruktion und des Betriebs jener Gesellschaft möglich sind.

Der Weg zur Hölle ist mit guten Absichten gepflastert- wir sind uns des Risikos bewusst. Soweit dies möglich ist, werden wir mit größter Transparenz und unter Beachtung der vier großen Tugenden der phyndharischen Lehre (Bescheidenheit, Disziplin, Mut und Leidenschaft) behutsam aber unnachgiebig uns unseren Weg bahnen. Immer mit dem Blick auf jene Realität, die sich droht zu entfalten ohne unser Eingreifen.

Herz des Feuers - Geist des Schwerts - Hand der Menschen: Und bei den großen Monumenten eine Ode an die Wahrheit, darauf fußend die Beschlüsse der Selbstlosen, errettend, erneuernd und in ihrem Schutz erhaltend die Völker und den Frieden der freien Welt. So sind jene, die Phyndharen, und ihr so Wunderbares, die Paretokratie.

ÜBER DEN AUTOR

Joachim Görbert arbeitet in Selbstständigkeit als Webdesigner und Ghostwriter/Texter in München und Frankfurt. Der ehemalige Berater für chinesische Sicherheitszertifizierung und Markteintrittsberatung entwickelt heute verschiedene Projekte, um den Traum einer freien Welt für alle rechtschaffenen Menschen wahr zu machen. Für mehr Informationen rund um das Schaffen und auch andere Werke des Autors, besuchen Sie bitte unsere Webseiten.

Solreign.com: Informationen rund um die Rebellion und Bücher

BrainHive.de: Existenzgründerberatung und Business Ghostwriting

BrainHive-Ethical-Marketing.com: Ethische Werbeagentur für KMU